엉터리 핸드메이드 #1

엉터리
캔들

향기로운 시간을 내 손으로

백희영 지음 | T. J. Kim 사진

옹또로
Books

Enjoy Handmade
Candles!

향기로운 시간을 만드는 법, 천연 캔들

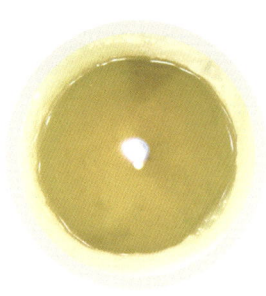

늘 손을 움직이는 것을 좋아했습니다. 가만히 앉아서도 그림을 그리거나
무언가를 만들고 있었지요. 평범하게 누리던 꼼지락거리는 시간이 소중하다는 것을 느끼게 된
게 직장생활을 하면서였답니다. 점차 나를 위한 시간 갖기가 힘들고,
조금이라도 시간이 나면 쉬느라 바쁘기만 하던 일상. 그런 생활 속 가끔 켜두고 바라보던
캔들은 보고만 있어도 마음이 편안해지는 느낌을 받게 해줬습니다.

그러다 문득 생각이 들었어요. 캔들도 만들어 볼 수 있지 않을까? 늘 사서 쓰다 보니
가격이 비싸기도 했고요. 무작정 방산시장으로 향했습니다. 세상에, 이렇게 재미있다니!
환호성이 터져 나왔어요. 지인들께 선물로도 하고 나의 몫도 만들어 늘 곁에 향기가 있도록
해야지! 그렇게 저의 양초공예 생활은 시작되었습니다. 알면 알수록 섬세함을
필요로 하고 기다림이 필요한 양초공예는 제게 꼭 맞는 옷처럼 편안하고 즐거웠어요.
캔들을 만들며 다소 급한 성격도 차분해지고, 덜렁거리는 습관도 많이 고쳐졌답니다.

캔들을 처음 만든 지 올해로 6년 차로 접어들고, 강의를 시작한 지는 4년이 되어갑니다.
그 사이 캔들과 방향제가 참 많이 보급되어 반갑습니다.
막연히 어렵게 느껴지는 캔들 만들기는 사실 생각보다 간단해요. 혼자서도 충분히,
집에서도 멋지게 해낼 수 있으니 차근차근 향기로운 시간을 시작하길 바랍니다.
여러분의 길잡이가 되어드릴 수 있다면 정말 행복할 거예요.

CONTENTS

How to Make ... P 60

How to Make ... P 48

with LOVE

How to Make ... P 44

나를 위한 시간을 갖기 힘든 일상.
가끔씩 켜두고 조용히 바라보는 캔들은
마음을 편안하게 해줍니다.

◇ Ungteori

How to Make ... P 56

캔들 만들기는 어렵게 느껴지지만,
약간의 섬세함과 여유가 있다면 혼자서도
충분히 해낼 수 있답니다.

How to Make ... P 64

How to Make ... P 52

Basic Lesson

캔들의 종류 | 재료와 도구 | 만들기 | 사용하기

막연하게 어렵게 느껴지는 캔들 만들기는
사실 생각보다 간단하다. 약간의 섬세함과 여유가 있다면
혼자서도 충분히 집에서도 멋지게 해낼 수 있다.

캔들의 종류

티라이트 캔들

- 지름 3cm, 높이 2cm 정도의 작은 용기에 담긴 캔들을 뜻한다.
- 본래 목적은 찻주전자 아래 받쳐 따뜻하게 식지 않게 하는 것이었으나 최근에는 장식목적으로 이용되는 경우가 많다.
- 3~4시간 정도 사용할 수 있으며 왁스가 모두 닳고 나면 저절로 소화되므로 가볍게 사용하기 좋다.

컨테이너 캔들

- 용기의 종류와 관계없이 용기 속에 담겨있는 캔들을 뜻한다.
- 유리 용기, 알루미늄 용기, 세라믹 등 열기에 강한 소재라면 모두 이용할 수 있다.
- 왁스가 바깥으로 흐르지 않아 손실 없이 이용할 수 있기 때문에 실용적이고 사용하는 장소의 제한이 없어 편리하다.

몰드 캔들

◆ 몰드를 이용하여 만드는 캔들을 뜻한다.

◆ 보통 양초용 몰드나 실리콘 몰드에
  왁스를 부어 굳힌 후 꺼내는 작업을 통해
  만들기 때문에 컨테이너 캔들용 왁스보다
  단단해야 한다.

◆ 몰드에 따라 다양한 모양의 캔들을 제작할
  수 있다.

◆ 몰드 캔들을 사용할 때에는 왁스가 흐를
  가능성이 크기 때문에 받침을 이용하도록
  해야 한다.

테이퍼 캔들

◆ 길쭉한 막대 모양의 캔들을 뜻한다.

◆ 촛대에 꽂아 사용할 수 있도록 아랫부분이
  좁은 경우가 많으며 몰드를 이용해
  제작하기도 하고 전통 기법인 디핑기법을
  이용해서 제작하기도 한다.

재료

① 왁스

캔들을 구성하는 주성분으로 만들어진 재료에
따라 소이 · 팜 · 비즈 왁스가 있다.
고체상태이기 때문에 가열하여 액체상대로
만든 후 다시 굳히는 방법으로 사용한다.

소이 왁스 (컨테이너용 60-65도, 몰드용 68-75도)

콩과 콩의 기름으로부터 생산되는 식물성 왁스로
대두의 생산량이 많은 미국에서 개발되어 대부분
미국산이며 컨테이너용과 몰드용으로 구분된다.
컨테이너용 소이 왁스는 녹는 온도가 낮아 아로마
오일을 사용하기에 용이하다. 아로마 오일의 특성상
높은 온도에서 유실되는 경우가 많기 때문에 낮은
온도에서 만들어 사용할 수 있는 컨테이너 캔들을
만들 때 이용하기 좋다. 몰드용 소이왁스는
수축률이 높아 굳고 난 후 몰드에서 잘 분리가 되어
매끈한 표면이 매력적이다. 몰드를 이용할 때에는
꼭 몰드용 소이왁스를 사용해야 한다.

팜 왁스 (95-100도)

기름야자에서 추출하는 가루 형태의 왁스로 녹는
온도, 수축률 모두 높아 몰드용으로 주로 사용한다.
완성 후 표면의 아름다운 무늬가 나타나는 특성이
있어 주로 염료와 혼합하여 제작한다. 붓는 온도가
높은 편이니 제작 시 화상에 유의하도록 한다.

비즈 왁스 (80-85도)

꿀 수확을 마친 벌집으로부터 추출되는 동물성
왁스로 벌이 벌집을 만들 때 나오는 좋은 성분인
프로폴리스가 함유되어있어 비염과 공기정화에
좋다. 실제로 양봉하는 곳에서 판매하기도 한다.
식품용으로 사용될 만큼 안정성이 높은 왁스로
천연 왁스 중 고가에 속한다. 본래 깊은 노란색을
띄고 있고 향긋한 프로폴리스 향이 은은하게 난다.
비정제 비즈 왁스와 정제 비즈 왁스가 있는데,
성분은 같으나 정제 비즈 왁스는 점성이 없고
알갱이 타입으로 유통되고 있다. 녹는점과
수축률이 높은 편이라 주로 몰드용으로 사용하며
비정제 비즈 왁스를 사용할 때에는 심지를
1-2단계 높은 것으로 사용한다.
(예 : 1호를 써야 한다면 2호나 3호 사용)

② 심지

심지를 선택할 때에는 만들고자 하는 제품의 지름이 중요하다.
만들고자 하는 양초의 지름대로 심지를 선택하여 사용하도록 한다.

면 심지

얇은 면실을 꼬아 만든 심지로 가닥수에 따라 호수를 달리하여 유통되고 있다.
1호는 16가닥이라고 이해하면 된다. 심지와 함께 사용하는 심지 탭도 사이즈가 있는데,
12x7mm로 1-5호까지 사용할 수 있다.

면 심지 가이드	호수	지름
	1호(16번)	3-4cm
	2호(26번)	4-5cm
	3호(36번)	5-7cm
	4호(46번)	7-8cm
	5호(60번)	8-9cm

나무 심지

나무를 얇게 가공하여 두세 겹을 접착하여 심지 역할을 할 수 있도록 개발된 것으로
화력이 세고 연소할 때의 장작 타는 소리가 매력적이다. 그러나 심지 정리할 때에 타고
남은 나무 심지의 재가 왁스로 떨어져 캔들의 갈변 현상(왁스의 색이 갈색 또는 회색으로
변화하는 현상)이 다소 심할 수 있고, 불량이 있을 수 있으니 대량 생산을
앞두고 있다면 반드시 테스트를 해본 후 제작할 것을 권장한다

나무 심지 가이드	호수	지름
	Small	3-4cm
	Medium	4-5cm
	Large	5-7cm
	X-Large	7-8cm
	2X-Large	8-10cm

③ 향료

캔들을 만들 때 왁스에 향료를
넣어 연소하는 동안 향을
즐길 수 있도록 하는데, 천연
향료와 인공 향료로 나누어져
있다. 왁스에 첨가할 때에는
왁스 무게 대비 7% 가량 넣으면
된다. 천연 향료를 아로마오일,
인공 향료를 프래그런스 오일이
라고 한다.

아로마오일

향기가 좋은 과일이나 허브, 꽃, 나무 등으로부터 추출하는 것으로
원료의 성분이 응축되어 있으므로 그만큼 좋다고 할 수 있으나
주의하여 사용해야 한다. 음용은 절대 금하며 안정성이 확보된 아로마
를 사용하는 것이 좋다. 개인의 기호에 따라 선택하여
사용하도록 하며 높은 온도에서는 유실될 확률이 높으니 컨테이너용
소이 캔들을 만들 때 블렌딩하여 향기를 즐기는 것이 좋다.

프래그런스 오일

천연의 향기를 모방하거나 천연에서 더 이상 구할 수 없는 향기를
만들어내기도 하고, 시중에 유통되고 있는 유명 향수 등의
향기와 비슷하게 만들어낸 향료를 프래그런스 오일이라고 한다.
향료마다 다르기는 하나 높은 온도에서도 유실되지 않기 때문에
대부분의 왁스에 사용할 수 있고 아로마에 비해 상대적으로 저렴하여
대중적으로 활용되고 있다. 컨테이너용 왁스에도 물론 사용할 수 있고,
몰드용 캔들 등에도 다양하게 즐길 수 있다.

④ 색소

왁스에 색을 표현할 때 사용하며 지용성 염료를 사용한다.
캔들용 색소를 주로 사용하며 천연 분말도 색소로 이용할 수 있
다. 캔들용 색소의 경우 80도 이상일 때 섞어야 잘 녹으니 온도에
유의하고, 천연 분말의 경우 너무 많이 넣으면 연소에 방해가 되
니 주의하도록 한다.

도구

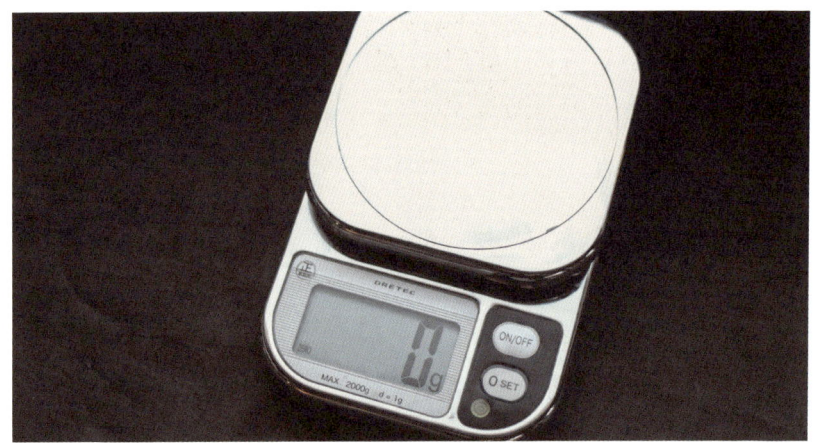

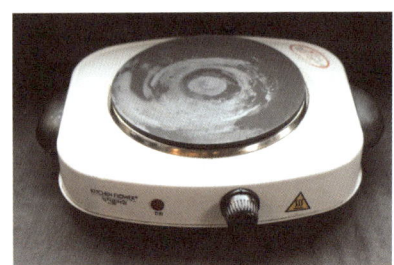

① 계량 저울

정량의 왁스와 향료를
계량할 때 사용한다.
1g 단위로 계량되면
충분하다.

② 핫플레이트

왁스를 녹일 때 사용하는 가열기구.
왁스 또한 가연성 물질이기 때문에 불꽃이
없는 전기레인지 또는 핫플레이트를
이용하여 가열하는 것이 좋다.

③ 비커

핫플레이트에 왁스를 담아 녹이는 용도로 사용하는데, 스테인리스 비커와
유리 비커가 있다. 책에서는 왁스의 녹는 모습에 대한 이해를 돕기 위해 유리비커를
사용했으나 깨질 위험성이 있으므로 스테인리스 비커를 추천한다.

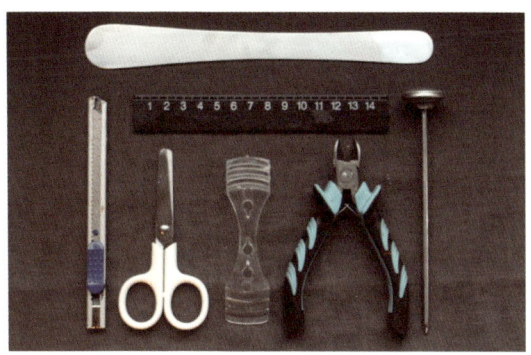

④ 칼

색소를 자를 때 사용한다.

⑥ 온도계

왁스의 온도를 측정할 때 사용
한다. 깨질 위험성 없는 금속
재질의 온도계를 추천한다.

⑤ 니퍼 & 롱노우즈

심지 탭과 심지를 고정할 때
사용한다.

⑦ 자

용기의 지름을 측정할 때
사용한다.

참고 구매처

○ **더 캔들샵**

gelcandleshop.co.kr

기본 도구와 다양한 재료를 구매
하기 좋다. 왁스와 심지를 주로
구매하는 곳. 책에서 사용한
심지와 왁스, 보티브 몰드는
모두 이 사이트에서 구매한 것.

○ **캔들웍스**

candleworks.co.kr

용기와 향료, 색소를 주로
구매한다. 다소 고가이기는 하나
예쁘고 다양한 수입 용기가
구비되어있고, 향료와 색소도
다양한 편.

○ **왓솝**

whatsoap.co.kr

천연 화장품, 비누 재료가 다양
하게 갖춰져 있고, 천연 분말을
판매하고 있다.

추가로 있으면 좋은 도구

헤라 왁스와 향료, 색소가 섞이도록
할 때 사용한다. 넓적한 모양은 잘 섞
일 수 있도록 도움을 주며, 금속 재질
이라 닦아서 재사용이 가능하다는 장

점이 있다. 나무 막대 또는 스푼 등으
로 대체 가능하다.

심지 홀더 심지가 용기의 중앙에 올
수 있도록 도움을 주는 도구이다. 나
무젓가락으로 대체 가능하다.

만들기

① 계량하기

◆ 계량 저울에 비커를 올린 후 0 Set을 누른다.
◆ 필요한 양이 될 때까지 왁스(또는 향료)를 붓는다.

② 왁스 녹이기

- ◆ 비커에 담긴 왁스를 올린 후 핫플레이트를 켠다.
- ◆ 2–3단계로 낮은 온도에서 녹이도록 한다.
- ◆ 온도계를 꽂아두고 원하는 온도에 도달하면 핫플레이트에서 내린다.
- ◆ 소이왁스의 경우에는 덩어리가 남아있더라도 핫플레이트에서 내려 남은 열로
  충분히 녹인다. 온도가 지나치게 올라가면 왁스의 품질이 떨어지니 주의하자.

③ 심지 고정하기

◆ 만들려는 캔들의 높이보다 4–5cm 길게 심지를 준비한다.

◆ 심지 탭을 끼우고 니퍼로 눌러 고정하고 남은 부분을 잘라낸다.

◆ 바닥에 심지 스티커를 붙인다.

◆ 용기의 바닥, 중심 위치에 붙인다.

◆ 입구에는 심지 홀더로 용기의 중심에 심지가 오도록 한다.

 ▶  ▶

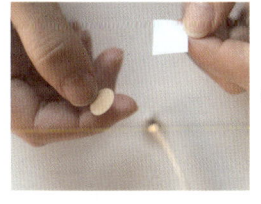 ▶  ▶

 ▶

사용하기

◇ 캔들 점화하기

캔들용 라이터 또는 성냥을 이용하여 점화한다.
심지가 너무 길게 남아있는 상태에서 불을 붙이게 되면 그을음이 많이
나기 때문에 점화 전에는 심지의 길이를 확인하는 것이 좋다.

몰드 캔들 사용하기

몰드 캔들은 용기에 담겨있지
않은 경우가 많으므로 왁스가
바깥으로 흐를 수 있다.
주변이 지저분해지는 것을
방지하기 위해 접시 등을
받쳐두고 사용하는 것이 좋다.

② 캔들 소화하기

사용하다가 불을 끄고 싶을 때는 심지를 촛농에 담가 끄는 것이 좋다.
입으로 불어서 끄게 되면 연기와 좋지 않은 냄새를 유발시키므로
윅디퍼를 이용하여 촛농에 심지를 밀어넣어 불을 끄고 다시 세워둔다.

Project Lesson

컨테이너 캔들 | 스톤 캔들 | 오너먼트 캔들

핸드메이드로 만들 수 있는 캔들 세 가지를 소개한다.
가장 쉽게 만들 수 있는 실용적인 아이템부터 선물용, 개성이 넘치는
독특한 캔들까지 차례로 만들어보기를 권한다.

컨테이너 캔들

숙면에 도움이 되는 아로마를 사용하여 대중적이면서도 실용적인 캔들 만들기

Container
Candle

혼자 만드는 캔들, 첫 번째 아이템은 유리병에 만드는
컨테이너 캔들이다. 투명하기 때문에 점화했을 때
비치는 모습이 아름다운 유리 용기는 컨테이너 캔들의
재료로 훌륭한 역할을 한다. 열에 강한 식품 용기라면
더욱 추천! 최근에는 빈티지한 모습의 유리 용기도 쉽게
구할 수 있고, 잼이나 청이 담겨있던 유리병을 깨끗이
씻은 후 닦아서 활용해보아도 좋다.

소이 캔들은 녹는점이 낮기 때문에 높은 온도에 취약한
천연 아로마오일을 사용할 수 있다는 장점이 있다.
숙면에 도움이 되는 라벤더 향을 블렌딩하여 기본이 되는
베이직 캔들을 만들어보자.

도구
핫플레이트, 비커, 저울, 온도계, 니퍼, 헤라, 심지 홀더, 가위

재료
소이 왁스 160g, 향료(라벤더11g), 면 심지 3호,
심지 탭(12x7mm), 심지 스티커, 8oz 메이슨자 용기

How to make

1. 비커에 왁스 160g을 담아 핫플레이트에 녹인다.
2. 왁스가 녹는 동안 용기에 심지를 고정한다.
3. 녹은 왁스의 온도를 재보고 65도가 되면 향료 11g을 계량하여 넣는다.
4. 왁스와 향료가 잘 섞일 수 있도록 헤라를 이용하여 저어준다.
5. 용기에 왁스를 붓고 굳힌다.
   굳힐 때는 움직이거나 진동이 없는 평지에서 굳히는 것이 좋다.
6. 완전히 굳은 후 심지를 6mm가량 남기고 잘라낸다.

따뜻한 위로, 메시지 캔들

이중붓기 기법을 활용해 캔들에 메시지 넣어보기

Message
Candle

기본 캔들 만들기를 숙지했다면, 조금만 더 응용하여
슬며시 나타나는 메시지가 매력적인 기발한 캔들을
만들어보자. 메시지 캔들은 내가 아니라 누군가를 위해
선물을 만들고 싶을 때 특히 유용하다. 고마움과 미안함,
사랑을 전하고 싶을 때 제격! 촛불을 켠 후 30분,
일렁이는 불빛과 함께 마음을 움직이는 메시지가 나타날 때
느끼는 감동은 어떤 값진 선물과도 견줄 수 없다.

도구
핫플레이트, 비커, 저울, 온도계, 헤라, 가위

재료
소이왁스 170g, 향료(사이프러스 12g), 나무 심지 L, 심지 탭,
심지 스티커, 틴케이스 용기, 트레싱지

How to
make

1. 비커에 왁스 170g을 담아 핫플레이트에 녹인다.
2. 왁스가 녹는 동안 용기에 심지를 고정한다.
3. 사용할 메시지를 오려둔다.
4. 녹은 왁스 중 140g을 계량한 후 65도가 되면 향료를 10g 계량하여 넣는다.
5. 왁스와 향료가 잘 섞일 수 있도록 헤라를 이용하여 저어준다.
6. 용기에 왁스를 붓고 굳힌다.
7. 부어둔 왁스가 완전히 굳은 후 준비해둔 메시지를 올린다.
8. 나머지 30g의 왁스에 향료를 2g 계량하여 잘 섞는다.
9. 메시지가 올려진 위로 왁스를 붓는다.
10. 완전히 굳히면 완성.

TIP ┆ 메시지는 레이저 프린터로 출력하는 것이 가장 좋다. 잉크젯 프린터로 출력하거나 유성팬 등으로
메시지를 쓰면 왁스 속에서 번질 가능성이 크니 레이저 프린터로 출력하기를 권장한다.
용기의 지름과 딱 맞으면 기포가 잘 생기므로 도안은 만들고자 하는 캔들 지름보다 최소 1cm는 작은 것이 좋다.

스톤 캔들

실리콘 몰드 이용해보기 & 천연 분말을 색소로 이용해보기

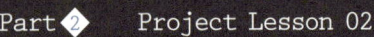

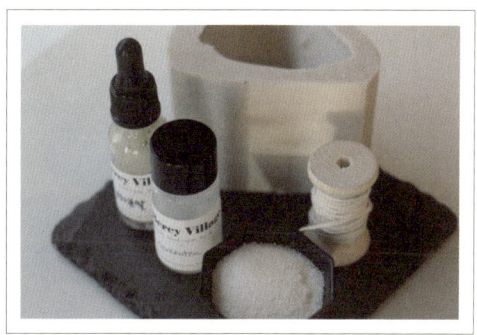

Stone Candle

실제 돌멩이와 흡사한 모양을 하고 있어서 만드는 방법에 대한 호기심을 자극하는 캔들이다. 팜 왁스와 실리콘 몰드를 이용해서 비교적 간단하게 만들 수 있지만 방법을 알기 전까지는 막연하게 어려울 것 같은 생각에 도전해보지 못했던 스톤 캔들. 여러 개 만들어서 태워보기도 하고 예쁜 트레이에 올려두고 방향제처럼 사용해도 좋다.

야자 기름에서 추출한 팜 왁스는 스톤 캔들로 만들었을 때 무척 예쁜 무늬가 표현되는데, 이 때 붓는 온도와 속도를 달리하여 표면에 선을 내보기도 한다. 오랜 시간 쌓이고 닳아 시간의 흔적을 담은 돌멩이의 모습을 표현해보는 것이다. 책에 나온 대로 따라 해보기만 해도 절반은 성공이니 서두르지 않고 천천히, 어디선가 마주친 돌멩이를 연상하며 만들어보자.

도구
핫플레이트, 비커, 계량 저울, 온도계, 헤라, 실리콘 몰드, 가위, 니퍼, 심지 홀더

재료
팜 왁스120g, 면 심지 3호, 향료, 심지 탭(12x7mm), 색소(천연 분말_녹차 분말)

How to make

1. 비커에 왁스를 계량하여 핫플레이트에 올려두고 녹인다.
2. 녹은 왁스에 녹차 분말을 넣어 색을 낸다.
3. 왁스의 온도가 70도가량 되면 향료를 넣는다.
4. 향료와 왁스가 잘 섞일 수 있도록 헤라로 저어준다.
5. 왁스의 온도가 60도가 되면 몰드에 왁스를 아주 천천히 붓는다.
   이때 천천히 붓는 것이 어렵다면 여러 차례 나누어 부어도 좋다. 낮은 온도에서 천천히 부을 때
   표면에 선이 생기며, 조금씩 부을수록 폭이 좁은 선이 생긴다.
6. 몰드의 끝까지 붓고 굳힌다.
7. 심지 구멍을 위해 나무 꼬지를 꽂아둔다.
8. 완전히 굳힌 후 몰드를 당겨 벌린 후 빼낸다.
9. 심지와 심지 탭을 연결한다.
10. 바닥의 구멍에서부터 심지를 끼워 넣는다.
11. 심지를 6mm가량 남긴 후 자른다.

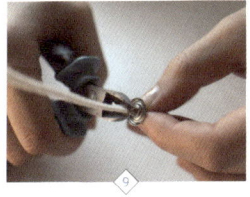

알록달록, 보티브 캔들

캔들용 색소를 이용해 컬러 표현하기 & 플라스틱 몰드 사용하기

Votive
Candle

보티브 캔들이란?
'votive'는 '신에게 봉헌된'이라는
뜻으로 천주교에서 기도할 때
사용하는 캔들.

작은 사이즈가 앙증맞은 보티브 캔들은 높이 5cm,
지름 4cm 정도 되는 캔들을 뜻한다. 보통 50g 정도의
무게이고 수축이 큰 왁스(소이 왁스 몰드용, 비즈 왁스,
팜 왁스)를 이용하여 제작한다. 천연 색소보다
구하기 쉬운 캔들용 색소를 사용해 농도 차이로 세 가지
컬러를 만들어보자. 블록 형태의 고체 캔들용 색소를 잘게
잘라 컬러를 표현해보고 어울리는 향기를 섞어 만든다.
사용할 때에는 보티브 캔들용 홀더에 넣어
사용해야 끝까지 사용할 수 있다.

도구

핫플레이트, 비커, 계량 저울, 온도계, 헤라, 가위,
보티브 몰드, 니퍼, 심지 홀더

재료

팜 왁스 150g, 면 심지 1호, 심지 탭(12x7mm), 향료,
색소(양초용 고체 색소_올리브)

How to
make

....

1. 비커에 왁스를 계량하여 핫플레이트에 올려 녹인 후 몰드에 심지를 고정한다.
   굳은 후 빼내야 하니 스티커로 부착하지 않고 입구에서만 고정한다.
2. 녹은 왁스에 고체색소를 넣어 색을 낸다.
3. 왁스의 온도가 95도가량 되면 향료를 넣는다. 향료와 왁스가 잘 섞일 수 있도록
   헤라로 저어준다.
4. 몰드에 붓는다.
5. 색소를 조금 더 넣어 섞는다.
6. 몰드에 붓는다. 색소를 더 넣어 섞는다.
7. 몰드에 붓는다.
   굳는 도중 수축현상에 의해 표면에 구멍이 생기면 소량의 왁스를 구멍에 부어준다.
8. 완전히 굳으면 몰드에서 빼낸다.
9. 심지를 정리한다.
10. 날카로운 부분은 사포로 정리해도 좋다.

오너먼트 캔들

일상 생활용품으로 독특한 캔들 만들기 & 비즈 왁스 사용하기

Ornament
Candle

실생활에 쓰이는 베이킹 용품들을 이용해서 오너먼트 캔들을 만들어보자. 홈메이드 쿠키를 만들어본 사람이라면 하나쯤은 갖고 있을 쿠키 컷터와 넓은 쟁반 또는 오븐 팬을 도구로 사용하여 만드는 귀여운 모양의 캔들.
쿠키 컷터와 오븐 팬은 최근 홈베이킹을 하는 세대가 늘어나면서 마트에서도 쉽게 접할 수 있다.
특히 쿠키 컷터는 모양도 다양하고 귀여워 수집하고 싶은 욕심마저 생긴다. 베이킹에 사용하는 도구를 이용해서 쿠키를 만들 늣 캔들을 만들고 막대를 고정하여 특별한 날의 기념일 캔들로 사용해도 좋다.
오너먼트 캔들은 점성 있는 비정제 비즈 왁스로 만들어 만드는 동안 풍부한 프로폴리스 향을 느낄 수 있다.
점성이 있기 때문에 두 조각을 붙이는 과정도 수월하니 일거양득! 만드는 과정이 재미있기 때문에 아이와 함께, 또는 친구와 함께 해보아도 즐겁다.

도구
핫플레이트, 비커, 저울, 온도계, 가위, 쿠키 컷터, 오븐 팬(넓은 쟁반 대체 가능), 종이 호일

재료
비정제 비즈 왁스 500g, 면 심지 1호, 나무막대

How to make

1. 비즈 왁스 500g을 비커에 담아 핫플레이트에 녹인다.
2. 오븐 팬에 종이 호일을 깔아 준비한다.
3. 녹은 왁스의 온도가 80~90도가량 되면 계량 저울에 250g을 계량한다.
4. 오븐 팬에 왁스를 붓고 굳힌다.
5. 부어둔 왁스가 굳으면 쿠키컷터를 이용해서 2개씩 모양을 찍어낸다.
6. 같은 모양을 두 개씩 짝지어 중간에 심지와 나무막대를 끼운다.
7. 비커에 남아있는 왁스에 심지를 끼운 오너먼트 캔들을 한번 담갔다 빼내어 왁스를 입혀준다. 왁스에 담갔다 빼내면 두 개의 오너먼트가 하나로 고정된다. 이때, 왁스의 온도는 80-90도를 유지해야 한다. 표면에 묻은 왁스가 식으면 심지를 정리하여 캔들로 사용한다.

개성 만점 테이퍼 캔들

왁스를 넓게 펴서 사용하기

Taper
Candle

테이퍼 캔들이란?
막대 모양의 길쭉한 캔들을 칭하며
보통 아랫부분이 좁기 때문에 스스로
서지 못하고 촛대에 꽂아 사용한다.

왁스를 넓게 펴서 사용하는 기법을 '플랫 기법'이라고
하는데, 앞서 쿠키 컷터를 활용한 오너먼트 캔들에서도
이 플랫 기법을 이용하여 캔들을 제작해보았다. 이번에는
왁스를 더 얇게 펴서 막대형 캔들인 테이퍼 캔들을
만들어보자. 특별한 도구 없이 간단하게 돌돌 말아
자연스러운 모양의 캔들을 만들 수 있는데 마치 둘둘 말린
종이를 연상시켜 앤티크한 느낌이 난다. 입구가 좁은 병에
꽂아 평범한 저녁 식사에 감성을 더해보기도 하고,
혼자 싯는 티디임에도 이따금 밝혀 특별함을 더할 수 있다.

도구
핫플레이트, 비커, 저울, 온도계, 가위,
오븐 팬(넓은 쟁반 대체 가능), 종이 호일

재료
비정제 비즈 왁스 100g, 면 심지 1호, 드라이어

How to make

1. 비커에 왁스를 계량하여 핫플레이트에 올려두고 녹인다.
2. 왁스가 완전히 녹은 후 85도가량 되면 종이 호일을 깔아둔 쟁반에 붓는다.
   이때 왁스가 한 곳에 몰리거나 고이지 않도록 주의한다.
   계란 지단을 만드는 것을 연상하면 쉽다.
3. 부어둔 왁스가 완전히 굳어지면 종이 호일에서 떼어내 끝에 면 심지를 놓는다.
4. 심지를 감싸듯 조금씩 말아 막대모양을 만든다.
   이때 너무 딱딱해서 왁스가 갈라지려고 하면 드라이어로 살짝 데워가며 말아준다.
5. 원하는 두께가 되면 나머지 부분은 가위로 잘라낸다.
6. 끝부분은 손으로 눌러 접착시킨다.

  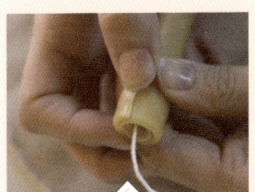

엉터리 핸드메이드 #1

엉터리 **캔들**

초판 1쇄 발행 2017년 9월 30일

지은이	백희영
펴낸이	오유리
펴낸곳	엉터리북스
편집 및 마케팅	오유리, 김태정
디자인	레이브 디자인 RAVE Design 02-6010-9754
출판등록	2017년 3월 13일 제2017-000012호
주소	서울특별시 양천구 목동서로 186, 1411호
전화	02-3142-8004
전자우편	yuriege@hotmail.com

ISBN 979-11-86615-25-6
ISBN 979-11-86615-24-9 (세트)